Desplazamiento al margen

CARIDAD ATENCIO

Desplazamiento al margen

[2002-2010]

bokeh ✳

© Caridad Atencio, 2018

© Fotografía de cubierta: W Pérez Cino, 2018

© Bokeh, 2018

Leiden, NEDERLAND
www.bokehpress.com

ISBN 978-94-93156-00-5

En este libro quiero explorar los universos que alumbra su título o desandar el camino contrario: condenar y salvar las sendas que me llevaron a él. Sus contornos resumen los avatares de una existencia: hacia su fin sin ser notada. «Apartada de un asunto, o que no interviene en él». Ese movimiento ocurre voluntaria o involuntariamente, y su forma presupone una pugna que subyace en toda relación humana, ya sea en el triángulo respiración –asfixia– desahogo del mundo de la pareja, en la vida como un espacio inconscientemente dramático, y contemplativo y desviado a la vez: o desenfrenado precisamente porque no traspasa una serie de límites; que pervive en el abismado cerebro o cuerpo femeninos, sutilmente ciliados: avanzan por imposibilidad –dejan de tener sentido la delicadeza, el deseo, la comunicación–.

Ese movimiento crea un camino que eres tú: vástago de tu vida desandando intenciones, enemiga de tu propio paso. Acaso la negación de los caminos urge a crear el propio, como un paisaje inevitable, o remarcado, sombreado por efluvios de ti. Porque el destino no siempre es un camino, a veces es un lugar donde pudieras viajar en redondo y hacia arriba, sensible en la insensibilidad. Te desplazarás: crecerás hacia dentro, inclinada en el daño, impulsada por el instinto de la maternidad, aunque no sea fructuoso. Hacia dónde te impulsa la opresión? Donde se truecan inevitablemente fecundidad y desgarramiento. Sostengo con mis juicios la idea de la mujer como vehículo de negatividad, de agente de lo avieso? Me abismo en el reflejo, seducida no por los vapores de mi sexo sino los de mi identidad. También bajo tal nominación ascienden los desvelos del ser único e irrepetible y la cadena civilista del goce ético, o los vacíos del viaje, disueltos en los aparentes de la trascendencia, lo paradójico o la inconformidad.

I.

Dicen las damas penetrantes que soy el horcón de la casa. Quien más sensible a su desesperación soporta los desplantes inconscientes del hijo o los irracionales del padre y el marido. El horcón, que se quiebra en las puntas para abrirse, y aún sostener en hilacha, pero imbatible el centro. El tronco inocente y ancestral donde alcanzo los restos de la noche.

Levamos la cabeza del ahogo que antes era asombro. Extirparte en lo adentro con cuerda inmanejable. Tomada en cuenta con un desdén magnífico te interrogarás con una anulación. Propia enemiga tú, sabrás hacerte daño, la manera más rápida de ir más lejos.

De las cartas que son para el amante. Para la historia cifrada de nuestra relación, pero que no puede leer nunca. El paisaje cruento se forma de un indicio. Todas sus extremidades son culpables. La cabeza y su tronco se dejan llevar por una fe íntima, pero no total.

¿Va a darme algo la desesperación? Querían que trajera algo, no que dejara. No hace que te estremezcas, es sólo compensar. Compensar. Como una gran batalla de un gran fin. Asideros que me dejan sin asideros. No he de fijar en ti «el ojo de la mente» – ya no podría – Entregada es lo mismo que estar expuesta, atravesada por un alambre para ti, siempre para ti. En lo más dócil del pecho la luz de una soldadura como la acción de una soldadura. Trago un poco de aire, un poco de intemperie. Y el barbero mira mi cuello como el de un condenado a la silla eléctrica.

Si pactas con el dolor traspasarás el límite, fuerza / debilidad, valor y miedo. No seré sin moverme. La verdad no me nace como un flujo. Me castiga. A la pelota de aire la aprietas con tus manos, incluso con tus uñas y no revienta. Yo me pudro. La mente se ha enarcado tanto que gravita. El ojo, como si se lo hubieran arrancado y todavía lo tuviera ahí. ¿Qué hacer con una relación viva? Hay que abrirte. Te asfixiaría con una sola mano.

[para Julio Mitjans]

Miro más allá de la edad de los rostros. Con las puntas viradas hacia dentro, sin un quejido.

El rostro nunca piensa lo que la cabeza y encaja sus señales de estímulo en los ojos de otros que cuelgan al costado.
Por sobre los barrotes, por encima de mí, es importante no ser nadie. El paisaje es seguro. Aunque te muevas no cambias de lugar. Su cabeza se deslizó, al descomponerse.

[camino del Rincón]

«Cuando temes mucho una cosa terminas por provocarla con tu pensamiento». El fondo del sangrado. Su cabeza de aire. Cuánto se pagó ayer y no me quitaron los hierros esos. Ahí era donde iba desde el principio. *Tus ojos, cerrados como colmillos apretados.* Viviendo los diques de mi vida quién me arrastra, quién amordaza mi boca.

Un perro que arrancaba su rabia o alguien que entrega su silencio. Así te hablaba. Con el cuerpo y una secuencia oblicua. «¿No es mejor abortar que ser estéril?». ¿No deseabas una cabeza encima de mi traje sin poros?

Por un secreto mi mano sobre ti con la cortada. «Una cosa a la vez». ¿Tienes un cuerpo perenne? Vendrán a salvarte con muerte. Hoy es día. Estamos esperando al destino. *Yo deseo y me dedico.* A tu ojo lo rodea un lunar. «Que en él se ensuelva».

Hacia un rincón miraban las dos caras, que eran una sola proyectada en el tiempo. Una cuerda al descuido, como en juego, pendía de los dedos de la joven. Y se hacía un nudo voluntario, elegido, en los de la mujer. En la primera imagen las manos descansaban sobre el pecho firme. En la segunda, apretaban los brazos, volviéndose su propia protección.

Miedo a morir de parto. Cambiar para salvarse: ¿salvarse ya? El espacio es comprimido. En mi endeblez soy el auxilio del desequilibrado.

Por qué acostumbrar al ser al tímido descanso de la continuidad

... Ignoran el lastre del brocado, la intuición de la herida. Fugacidad de la colmena.

La obstinación social. Imponerse el desgaste. Te disloca y retiene el mismo absurdo. La estrechez ha venido de no sentir el fondo.

Los que llaman «realistas» son los culpables de la mayor ficción: la vida como treta o ignorancia. La infinitud del deseo en la vanidad del mito.

Me propinan un golpe, me enseñan la cuchilla. Bebo sangre y muerdo las vísceras del pájaro.

«Más nunca te vas a embarazar». Todo era ilógico, hasta el cuidado que ponía en evitarlo. Todo se estremecía conmigo yerta o al revés. «Los labios sellados con costuras de hilo rojo». Ella me dice que una monja carmelita guía mi mano.

II.

Entrego mi femineidad para cubrir mi propia desnudez. Y me atavío, de manera que el pecho sea cubierto y se entrevean las sendas interiores. Del cabello que se teje con una sola mano pudiera ser la prenda. La cabeza desnuda de cejas abultadas va en sí misma. No en el sitial del cuello.

El ojo sin su párpado, milagro de la pérdida, sabe que no pude caer. Ese es mi beneficio. No soy una medalla de tu pecho. No anulo la verdad por conservarte. Por eso tu castigo en mí se vuelve doble. *Busco lugar para una tumba. ¿Acaso sabes donde hay más claridad? Construiré una celda sobre ella.* Le devolví la noche al infinito. Bordé sobre mí misma sin consuelo.

Si eres el rostro por qué has perdido sangre. Navegaba por dentro del castigo. De espaldas al umbral de mi secreto. Puedo tener más conciencia que culpa, menos habilidad que inteligencia ¿Sabré sobrevivir? Colocada en un sitio donde otros actúan y yo cargo y sostengo. O discierne o respira. Y las manos de sal se limpian en la falda. Irá a través del fuego. Sobre lo luminoso avanza un tren a oscuras.

Los mira coronados cómo avanzan hacia la piedra, y al menos salto retornando del fuego. No quiero que me den vueltas sobre las cosas ni abandonarme en el centro de ellas, si el pecho se desgrana en bordes lastimados. ¿Qué me pasa todavía? Siento que las cosas se alejan de mi corazón, y los afectos se desafinan envueltos en sus personas. Alargando su reino, qué tocabas. Finjo que estoy en paz para que arranques la semilla.

Como quien camina más y más profundo sobre un torrente helado me extiendo sobre él. En mí como la luna: ella no está. Yo la veo. De pronto no sabemos lo que va a suceder. Para beber mi agua tengo que hinchar con sangre mi razón. Caracol arriba, caracol abajo, dentro de una piscina de deseos ajenos. Si comparto la suerte del cristal: se quebraja, permite reflejar. Compacto y frío en apariencia, responde a la ilusión que lo vuelve intocable, a una verdad sin poros sobre la realidad.

Me condeno con el halo de sombra de mis párpados. Todo lo que sentí y en la mano una cáscara. El ahogo le devuelve los bordes que le quedan, como si deseara. Sin ganas y sin calma intuyo formas de vivir dentro de la coraza, formas de vivir fuera de la coraza. Y me grito en silencio «Sé distante, porque la piedra ha de abandonar tu mano». Solo un gesto de impulso al enterrarme en los dedos crispados de su vida.

La noche hermosa sobre otro veneno. No respondas por ti, que la razón es una bestia helada. Descubre tu cabeza, obligada a llevar esos collares falsos. Sin vocación llego a ser su enemigo. La osadía de mi reclamo solo obtendrá el responso que castiga la severa falta de un niño pequeño. Convertida en la piedad del mundo cuando nadie se apiadará de ti. «Si las raíces dan contra la roca», acaricia y protege a tu verdad. Tú la has legitimado.

Pedía cosas simples: no enturbiar el futuro con historias inesperadas. De todo, de todo ahora puede surgir lo extraño. Tengo los ojos y una memoria para padecer. Viendo a través de mí tocaba algo cortante o cómo me enveneno con mi aire. No percibía que, aunque la carne se entrega a su propio vértigo, había corrido hacia el bosque y nada más.

[para Maia Barreda]

Con amarguras y con puertas cerradas tejeré un cordón. Iba a salir de mí como embestida. ¿Gira de un punto ciego el instinto de fuga o la ansiedad de defenderse? Espasmos de crueldad sobre las venas dejan ver un tramo del camino. Sondear el sacrificio hasta verlo como un desprendimiento. Luego, cual fin monstruoso, sale carne en la hendidura.

Eres amarga. ¿Abre algún extraño el portón del jardín? Un recuerdo apacible te ha abandonado. *Todo brillaba de nada*, y ahora es tarde. Hundiendo su pie contra tu vientre vacío el mundo te trasmite la vida. Otra corteza sin humedad o *el árbol que viajaba por su ruido*. Como un ciego que oye mejor brota de ti algo intenso.

[para Yamila Cabrera]

III.

Te quieren férreamente. Y permite que entre por una vez en mí. Es bueno que le dejes oler tu miedo. *Si mis heridas son de la misma fuente que mi poder.* Despoja sin motivos de la noche. Esas mujeres que leen tu desgracia, tu vida, con la exactitud que un médico dice «tienes una sombra en el pulmón». Por un hueco de la ventana te descubren. Por un hueco de la ventana te estás mirando.

Pasando el cielo sin mis armas, es decir, con mis secretos. Como árbol que tiene las raíces donde se las puedan ver. Cansada de mi pequeño sacrificio pasando el cielo. Así como suavemente te sostengo la mano, tejo la realidad, *el sentimiento profundo en represión*. Labro mi cárcel con la celeridad de un colibrí: pasando el cielo.

Llegué al territorio imaginario de mi lecho. Allí el hijo pensado es un cuerpo de tiza y con contornos negros, y mi hijo real duerme en mi vientre en la espera infinita. La cabeza del padre como una ofrenda lo preside todo en el comienzo de mi lecho. Del otro lado lo difumina la silueta de la enfermera muerte. Detrás unos hombres de blanco me destruyen cuando dejo la sed en otro descanso.

Para que otro asunto repose tengo una máscara que sopla. Se me está acabando el sueño, se me está acabando la verdad. Queda luz.

No cejará hasta que no tenga la llave de tu espíritu. Entonces no habrá paz. Se aliviará cuando sienta que te destruye. Una relación entre el tiempo y el miedo. Una relación llena de absurdo. Como los ganchos que salen del centro de su cuello, antes vi la señal.

Bajan los clavos como agujas hasta los sitios exactos de mi piel y mi saya, que se levanta lenta, acompasada con el gesto impreciso de mi mano. Y el corsé que lo presencia todo tras la columna dórica quebrada que me llega hasta el cuello y amordaza mi boca.

A pesar de la sangre que se escapa, cierro mi mano izquierda con las cuerdas. Y rescato la pelvis astillada, una foto de un potro de tortura, la babosa un tiempo caracol que aprieta mi cabeza. Cada vez que tienes un cuerpo tienes que elegir un camino.

El precio de ser cruel. ¿Por qué tu cuerpo sufre, se queda ahí estático, sin destrucción abrupta? Soportar el peso de su mundo, virarlo de cabeza. Si todos los caminos conducen al silencio. El collar estrenaba las grietas de mi carne. Cómo gozaba el párpado en el hielo pudriéndose. Me queda la cabeza como un sol. Los fragmentos se unen en mí con su propia música. *¿Florecerá la boca como una herida?* El dolor reinstaura el poder de la forma. Conservar una forma que se crea.

De qué manera lo conseguía? Cantándole a lo eterno como si fuera lo inmediato. Te piden «una actitud sin estructuras». Mi cráneo resplandecerá cual corona. Ahora garabatean su personalidad. El agua está pasando. La inteligencia flota sobre la humillación. Todo eso se alcanza construyendo el olvido. Doy un beso sin manos en el castillo de mi identidad. Descubro por qué lo primero que sienten los niños es vergüenza y miedo.

Germino como una semilla a un son desmesurado y en mi interior no hay nada, solo la tierra y los tallos gruesos de mi infinita floración. Tendida sobre el peso mínimo de una almohada enseño mis raíces que salen sin temor de cada rama inundándolo todo con su color de sangre sobre un suelo agrietado.

Empuja tu cabeza contra el rostro de humo. Golpeada por la senda segura, estoy mirando lo opaco de tus ojos, mis huesos amarrados con fibra seca, mi dedo ensangrentado en el fondo del vaso.

Una sensibilidad seca. Dentro de ti tus raíces se quiebran como cuerdas. Te poseían todo: cuerpo y alma. No tolera de mí la moldura imperfecta. Es cruel cuando no ve de mí el sacrificio. No hay nada más terrible que un ojo. Esos horcones han crecido con mi sangre, bordados mis defectos sobre su indiferencia. Una sensibilidad seca, donde se cruzan una vez lo imposible y lo inevitable.

Del cielo cuelgan mis amados trajes por un hilo encarnado: de niña y de muchacha. Se puede desterrar al corazón y construir con ellos una triada deforme. Les he prestado mis brazos que me anudan. Con un pie navegar, pisar mi propia sangre con el otro.

IV.

Haz un retrato de tu vida para mí. Para afuera no. Para adentro. Sólo buscaba un cuerpo sometido hasta los huesos o que colgara con mucha resistencia. Soy para ti algo hallado. Eso me mancha los vestidos. Como un hacha en la carne tengo que estar clavada en ti. Déjame tener mi enemigo *en el agua roja de tu cuarto oscuro.*

Cuando te mueres por «crecer» hago actos infinitos para salvarte, cada quien avanzando con el arte de su silencio, cada quien avanzando sin saber que es su propio enemigo. Te digo «El que no muere vuelve, espejeándose hasta que se borra». Tras el abismo de tu cara perfecta *enhebro en una aguja un rayo*. Tú eres viva, yo estéril y mi cordura nutre mi soledad. Como dación de resistencia viene el misterio de la desesperación. El tiempo impide ver lo que provoca: cuando te mueres por «crecer» hago actos infinitos para salvarte.

«Puedo pegarte con el pie en la cabeza. No importa que no lo hubiera hecho». Debes acostumbrarte al triángulo de luz aunque te ciegue. La luz te da la fuerza, el goce en la intención. Pero apenas eres el cuerpo que regresa tragado por su impulso. Causas el desconcierto en quienes te rodean. Se ahogan con tu canto. O quedo confundida «entre los nombres que grabé a cuchillazos». Y me devuelves con mi luz, cual vómito sangriento.

La memoria y la seda desgarrada. Así podría llegar a conocerme. Vestida de una forma y color que expresara justamente todo lo que yo sentía. Presa y continuamente volcada en los demás ¿Por qué la fuerza con que me defiendo se vuelve contra mí? Una prisión que danza, que camina con todas sus razones en el fondo. Quiero quedar en paz cobijada en mi sombra. Quiero crearla yo con mi instinto y sentidos. La memoria y la seda desgarrada. La culpa se acompasa frente a mí hasta tenerme dentro.

Mi cabello cortado adornará mi silla, y sus hebras más largas darán indicio a mis caminos. Con el traje de un hombre y una tijera en mano se esperará el milagro. Busca en mí. *Llámame por mi nombre más profundo. Para quienes amo quiero llamarme.*

Abierta como un árbol qué bendición espero. Si le vendo a mi alma su verdad. Si el hierro que sostiene mi espalda se encajará en mi vientre *¿No tiene nombre mi desprendimiento?* Y las sombras que saca de mi mano. Y las sombras que salen de su mano. Floto sobre mi cintura, gastada por un sentimiento.

Independiente de mi cicatriz. Como si tuviera escaleras adentro de mi cuerpo por donde sube mi espíritu aturdido. Ciega dentro de mi casa. Me los puedo arrancar contra la sed del viento, y seré hija de la crueldad, dueña de alguna suerte? «Lo que me toca es un cielo que se hurta al colgar una cortina». Reacciono por acumulación: demasiado caliente, instantes congelados. Sima en los ojos, lo oscuro removido.

Tú que me cuidas, tú que me amas, me destruirás. Sobreviví a la noche presa del viento ciego. Junto a las cosas que se rompen, que respiran si se quiebran, sobreviví. *Como si hubieran llevado mi vida por los postes de acero*, morando en mí. Guardo *semillas en una vaina seca*. Sensible y lastimada comienza a ser lo mismo. Que no es tuya mi sangre. Por eso no vendrán. Encima del párpado cerrado me pinto una pupila para ver. Que no es tuya mi sangre. Que no.

Como una especie de terror en el tamiz que soy para absorber el mundo. No descanses, entrega tu laboriosidad. Pisa la alfombra del sentimiento *desde el silencio más solemne hasta toda el alma pisotear.* Si estoy labrada en un encaje, si la fidelidad es el escudo que hace estallar mi pecho... lo que existe es la luz que agranda la ceguera, lo que existe es la luz que la ceguera legitima.

Qué fortaleces. Restos de urnas. Premuras del afán solitario. El cuerpo que intentaba traspasar el embudo en él se convirtió. No poder elegir o haberlo hecho por una sola vez la vibración de todo. Qué fortaleces. Restos de urnas. *Tú, no vendido por mí,* soporta la extinción de la pena.

V.

Qué naturaleza tiene tu pasado. Me aferraba con marcas que te revivían. Una cara es un paisaje. Una raíz es una garra. Se tatuaba tu rostro en el peso del aire, hasta que vino un fin y terminó un comienzo. Ya nunca más, si discernías sola royéndote a ti misma. Ya nunca más una mujer sin cabeza con una alhaja al cuello.

[*para Marta Lesmes, para mí*]

La cruz es más azul, más oscura que el mar. Y un rayo la conforta, le da una estela. Al confín has llegado donde se inicia todo. Aunque me espera el mar todo comienza con la muerte o acaba con la fe de la estela. Cómo quedaba un cuerpo allí. ¿Marcando el arribo infructuoso, el fallido abandono? La cruz como una brújula entre los arrecifes dotando de esplendor a un símbolo. Y las piedras que suben en su lado derecho son un monje que reza sin rostro, sin mirada. La cruz es más azul, más oscura que el mar. El mar es el destino.

Con lo que hiere me oculto. En la plaza de la mente se ve tan claro. Su fuerza volcada contra mí. La voluntad contra el discernimiento. Velocidad y ceguera contra del sacrificio. Como si el mundo se negara con tus ojos, has de saber en el vientre que estás: *el sitio donde la esquiadora y la lisiada deben reconocerse.* Como el arrobamiento que le falta. Como el árbol del plátano que conserva sus hojas mucho después que mueren.

O contemplar el claro profanando el camino. No se lastima y *me acurruco en un nido sin fondo*. Me mira como un cofre que se abre –y ya no soy lo que es tejido adentro– lanzando manchas al cristal hasta que se resquebraja. Me protejo del viento haciéndome de hierro, pero no se impedir el golpe airado que te obliga a vibrar.

El miedo de la pasión, *abierto como un cielo despreciado.* Cuerpo envuelto con los empellones que recibió por tierra: una suma desnuda *con mi alma robusta.* Puedo dormir contigo y será cual si me hubieran arrancado las manos. ¿Cómo entregar en una imagen entereza viril y sensibilidad? «Mezcla una amargura reprimida y una energía mordaz». Sin ser lo que parezco se disuelve el miedo, *abierto como cielo despreciado,* cada punto en su canción.

Avanzo envuelta en mis ropas de miedo. Si se vive para morir por qué vivo este momento como si siempre fuera a vivir o como si fuera a morir ahora. Entregando un poco de resina me alivié y me contraje. Si voy creando un sello para un cielo y *mi secreto se burla de sí mismo*. Por ilusión el frío, que conserva la forma de lo muerto o algo que cuidan alto en las profundidades.

La reja oxidada de mi aposento interior. Nos quedamos allí la injuria y yo. Disuelta en un segundo la avidez del silencio. ¿Mis manos necesitan guantes para tocar? «¿El temor es inmovilidad o movimiento?». La reja en su crujido absorbía mi propio comentario.

Todo es rudimentario: los lazos con mi madre, el resto de una huella dentro de otra huella. Un forcejeo entre la voluntad y el cuerpo. A duras penas cobijados unos en otros. El vigoroso al débil, por las ventajas que los años le han dado. Miraba mi destino. La crueldad que una vida deposita en la otra para salvarse. Yo misma resbalando sobre mí. La mano destrozada, inconforme.

He cerrado una puerta pequeña para sentirme al margen. Es simple la ladera que construyo, siempre detrás de una pared. El asador y yo sabemos los motivos, el techo de esta sombra. Una caída del tiempo revelaba ese instante. El portón cerrado, las ventanas. El portón, por donde bien hubiera divisado la cabeza de un niño.

Me curo con la piedra. El miedo es una piedra o es mi cuerpo. Te entregaste a la canal de zinc caliente y nadie lo notó. Hay cuerpos que envían una sola señal. Qué sé yo de la noche. *Una comparación excava para mí.* La rendición de un sueño «en busca de unos fines de verdadero espanto».

Qué tiene más peso sobre ti, el tiempo o el espacio. Todos se llevarán algo. De momento la vida parece un gran local por el que deambulamos *con el negro necesario para la imaginación*. Si respiro, cruje mi envoltura. Me acuerdo de los muertos fascinada o describo el giro del columpio contra el miedo.

Entre el amor y el miedo el egoísmo. Velar por tu respiración y castigarme. Pedir a todo lo sagrado por ti, madre. *Que me confunda el cielo.* Camino por la sombra de la rama seca. En la fragilidad de mi sobrevivencia te rescato cuando el muro le responde a esa voz.

Con una cuchilla raspan tu identidad. La idea se mueve como hierro desaceitado. Descubres una voz a tu nombre, «en medio del más delicado baño de sangre» un secreto dentro de un secreto. Ahora soy un peso, un árbol trasplantado. De un golpe acaricio mi cráneo. Del espíritu las puertas de metal cerraron bruscamente, tragando vibración, cada segundo.

Con el falso salobre de mi traje y la mancha de sangre que borraron. La hendidura la unimos con bárbaros cordones y puntas afiladas que rodean al cuerpo y a veces lo zahieren, formando al mío un cuerpo paralelo que lo apresa, que lo asusta. Me sostengo en mi misma. Eso lo borra todo. La cola blanca de mi vestido se desarma a mi paso y a la vez carga con lo que ha arrasado.

Me sobrepongo porque no me puedo sobreponer.
Mi vida la enderezo con un látigo,
otra tensión, otra tranquilidad,
si devuelvo la distancia que acorto,
si me levanto y corto algo de mí.

He llegado a esta hora arrastrando mi cuerpo por todos los
  momentos.

Sirvo la sangre herida sin huella material.

La historia que me arranco ¿Cómo la tomarás?

Si ya se ha impuesto el agua que yo he unido.

Surge la madre que retiene por siempre
 a su hijo en el vientre.
         Y decide vivir, mientras se ahoga.

Catálogo Bokeh

Abreu, Juan (2017): *El pájaro*. Leiden: Bokeh.

Aguilera, Carlos A. (2016): *Asia Menor*. Leiden: Bokeh.

— (2017): *Teoría del alma china*. Leiden: Bokeh.

Aguilera, Carlos A. & Morejón Arnaiz, Idalia (eds.) (2017): *Escenas del yo flotante. Cuba: escrituras autobiográficas*. Leiden: Bokeh.

Alabau, Magali (2017): *Ir y venir. Poesía reunida 1986-2016*. Leiden: Bokeh.

Alcides, Rafael (2016): *Nadie*. Leiden: Bokeh.

Andrade, Orlando (2015): *La diáspora (2984)*. Leiden: Bokeh.

Armand, Octavio (2016): *Concierto para delinquir*. Leiden: Bokeh.

— (2016): *Horizontes de juguete*. Leiden: Bokeh.

— (2016): *origami*. Leiden: Bokeh.

— (2018): *El lugar de la mancha*. Leiden: Bokeh.

— (2018): *Superficies*. Leiden: Bokeh.

Aroche, Rito Ramón (2016): *Límites de alcanía*. Leiden: Bokeh.

Blanco, María Elena (2016): *Botín. Antología personal 1986-2016*. Leiden: Bokeh.

Caballero, Atilio (2016): *Rosso lombardo*. Leiden: Bokeh.

— (2018): *Luz de gas*. Leiden: Bokeh.

Calderón, Damaris (2017): *Entresijo*. Leiden: Bokeh.

Columbié, Ena (2019): *Piedra*. Leiden: Bokeh.

Conte, Rafael & Capmany, José M. (2018): *Guerra de razas. Negros contra blancos en Cuba*. Leiden: Bokeh, colección Mal de archivo.

Díaz de Villegas, Néstor (2015): *Buscar la lengua. Poesía reunida 1975-2015*. Leiden: Bokeh.

— (2015): *Cubano, demasiado cubano. Escritos de transvaloración cultural*. Leiden: Bokeh.

— (2017): *Sabbat Gigante. Libro primero: Hojas de Rábano*. Leiden: Bokeh.

— (2018): *Sabbat Gigante. Libro segundo: Saigón*. Leiden: Bokeh.

— (2018): *Sabbat Gigante. Libro Tercero: Rumpite Libro*. Leiden: Bokeh.

Díaz Mantilla, Daniel (2016): *El salvaje placer de explorar*. Leiden: Bokeh.

Fernández Fe, Gerardo (2015): *La falacia*. Leiden: Bokeh.

— (2015): *Notas al total*. Leiden: Bokeh.

Fernández Larrea, Abel (2015): *Buenos días, Sarajevo*. Leiden: Bokeh.

— (2015): *El fin de la inocencia*. Leiden: Bokeh.

Ferrer, Jorge (2016): *Minimal Bildung. Veintinueve escenas para una novela sobre la inercia y el olvido*. Leiden: Bokeh.

Gala, Marcial (2017): *Un extraño pájaro de ala azul*. Leiden: Bokeh.

Garbatzky, Irina (2016): *Casa en el agua*. Leiden: Bokeh.

García, Gelsys (2016): *La Revolución y sus perros*. Leiden: Bokeh.

García, Gelsys (ed.) (2017): *Anuncia Freud a María. Cartografía bíblica del teatro cubano*. Leiden: Bokeh.

García Obregón, Omar (2018): *Fronteras: ¿el azar infinito?* Leiden: Bokeh.

Garrandés, Alberto (2015): *Las nubes en el agua*. Leiden: Bokeh.

Ginoris, Gino (2018): *Yale*. Leiden: Bokeh.

Guerra, Germán (2017): *Nadie ante el espejo*. Leiden: Bokeh.

Gutiérrez Coto, Amauri (2017): *A las puertas de Esmirna*. Leiden: Bokeh.

Gómez Castellano, Irene (2015): *Natación*. Leiden: Bokeh.

Hernández Busto, Ernesto (2016): *La sombra en el espejo. Versiones japonesas*. Leiden: Bokeh.

— (2016): *Muda*. Leiden: Bokeh.

— (2017): *Inventario de saldos. Ensayos cubanos*. Leiden: Bokeh.

Hondal, Ramón (2019): *Scratch*. Leiden: Bokeh.

Hurtado, Orestes (2016): *El placer y el sereno*. Leiden: Bokeh.

Inguanzo, Rosie (2018): *La Habana sentimental*. Leiden: Bokeh.

Jesús, Pedro de (2017): *La vida apenas*. Leiden: Bokeh.

Kozer, José (2015): *Bajo este cien*. Leiden: Bokeh.

— (2015): *Principio de realidad*. Leiden: Bokeh.

Lage, Jorge Enrique (2015): *Vultureffect*. Leiden: Bokeh.

Lamar Schweyer, Alberto (2018): *Ensayos sobre poética y política. Edición y prólogo de Gerardo Muñoz*. Leiden: Bokeh, colección Mal de archivo.

Lukić, Neva (2018): *Endless Endings*. Leiden: Bokeh.

Marqués de Armas, Pedro (2015): *Óbitos*. Leiden: Bokeh.

Miranda, Michael H. (2017): *Asilo en Brazos Valley*. Leiden: Bokeh.

Morales, Osdany (2015): *El pasado es un pueblo solitario*. Leiden: Bokeh.

— (2018): *Zozobra*. Leiden: Bokeh.

Morejón Arnaiz, Idalia (2019): *Una artista del hombre*. Leiden: Bokeh.

Méndez Alpízar, L. Santiago (2016): *Punto negro*. Leiden: Bokeh.

Padilla, Damián (2016): *Phana*. Leiden: Bokeh.

Parra, Yoan Miguel (2018): *Burdeos*. Leiden: Bokeh.

Pereira, Manuel (2015): *Insolación*. Leiden: Bokeh.

Ponte, Antonio José (2017): *Cuentos de todas partes del Imperio*. Leiden: Bokeh.

— (2018): *Contrabando de sombras*. Leiden: Bokeh.

Portela, Ena Lucía (2016): *El pájaro: pincel y tinta china*. Leiden: Bokeh.

— (2016): *La sombra del caminante*. Leiden: Bokeh.

Pérez Cino, Waldo (2015): *Aledaños de partida*. Leiden: Bokeh.

— (2015): *El amolador*. Leiden: Bokeh.

— (2015): *La isla y la tribu*. Leiden: Bokeh.

Quintero Herencia, Juan Carlos (2016): *El cuerpo del milagro*. Leiden: Bokeh.

Ribalta, Aleisa (2018): *Talús / Talud*. Leiden: Bokeh.

Rodríguez, Reina María (2016): *El piano*. Leiden: Bokeh.

— (2018): *Poemas de navidad*. Leiden: Bokeh.

RODRÍGUEZ IGLESIAS, Legna (2015): *Hilo + Hilo*. Leiden: Bokeh.

— (2015): *Las analfabetas*. Leiden: Bokeh.

SAUNDERS, Rogelio (2016): *Crónica del decimotercero*. Leiden: Bokeh.

STARKE, Úrsula (2016): *Prótesis. Escrituras 2007-2015*. Leiden: Bokeh.

SÁNCHEZ MEJÍAS, Rolando (2016): *Mecánica celeste. Cálculo de lindes 1986-2015*. Leiden: Bokeh.

TIMMER, Nanne (2018): *Logopedia*. Leiden: Bokeh.

VALDÉS ZAMORA, Armando (2017): *La siesta de los dioses*. Leiden: Bokeh.

VEGA SEROVA, Anna Lidia (2018): *Anima fatua*. Leiden: Bokeh.

VILLAVERDE, Fernando (2016): *La irresistible caída del muro de Berlín*. Leiden: Bokeh.

— (2016): *Los labios pintados de Diderot*. Leiden: Bokeh.

WINTER, Enrique (2016): *Lengua de señas*. Leiden: Bokeh.

WITTNER, Laura (2016): *Jueves, noche. Antología personal 1996-2016*. Leiden: Bokeh.

ZEQUEIRA, Rafael (2017): *El winchester de Durero*. Leiden: Bokeh.